AF244737

PÉTITION

DE GRACE ET DE CLÉMENCE

POUR

LOUIS XVI.

Dont la lecture m'a été refusée à la séance du dimanche 20 du présent mois de janvier 1793, malgré tous les efforts que j'ai faits pour l'obtenir, et dont je rends un compte exact dans l'avertissement qui suit.

MARIGNÉ.

Les opinions sont libres jusqu'à la manifestation du vœu de la majorité, elles le sont même après; mais alors du moins l'obéissance est un devoir.

Opinion de Vergniaud sur le jugement de Louis XVI.

A PARIS,

Chez tous les marchands de nouveautés.

1793.

AVERTISSEMENT.

QUE la France et l'Europe ne précipitent pas leur jugement sur tous les Français qui vivoient au sein de Paris, les 20 et 21 janvier de cette année 1793. Qu'ils ne disent pas que l'intérêt d'une infortune épouvantable n'y a éveillé aucune compassion. Avant d'accuser de silence toutes les voix, qu'ils s'informent combien ont été violemment étouffées.

Je viens, moi, déclarer publiquement que la mienne l'a été.

Lisez les détails que je vais tracer. Si dans leur exposé, que je suis forcé de rendre public, *on prouve* que la vérité a reçu la plus légère atteinte, je me voue à l'exécration qu'on ne sauroit trop appeler sur l'imposture.

Les incertitudes de crainte et d'espérance, si jamais pourtant il y eut lieu à l'espérance; tous les sentimens inséparables de l'attente de l'événement consommé le 21, m'avoient convulsivement agité; et je rentrai dans ma demeure le

A

soir du samedi 19 , incertain encore de l'issue. Je savois que la question du sursis se discutoit.

A peine jeté sur le lit, où depuis tant de nuits le sommeil s'étoit retiré de moi , une pensée qui auroit suffi seule pour l'en écarter , se saisit de mon ame; celle de recourir à la grace et à la clémence de la convention , aussitôt que cette dernière question de sursis seroit résolue. Au même instant j'abandonne le lit d'angoisses où j'avois reçu cette inspiration, et je me mets précipitamment en état de lui obéir. J'emploie toute la nuit et toute la matinée qui la suit jusqu'à deux heures, quinze à seize heures non interrompues, à tracer l'écrit que je publie. Cette considération, et celle de l'état où j'étois, ne permettront à aucun lecteur de se montrer difficile et sévère ; d'autant plus que je suis bien peu exercé à écrire. Je pris des notes , résolu de me hasarder à traiter d'abondance quelques points , pour la rédaction desquels le tems m'avoit marqué; car mes papiers du matin m'avoient appris que tout délai avoit été refusé , et il n'y avoit plus une minute à perdre. Je résolus bien de les employer toutes.

Mon écrit informe dans les mains, je cours vers le lieu des séances de la convention ; et m'écartant des usages et des règles, j'entre dans l'enceinte et dans les rangs où les députés ont seuls droit de se placer. Le hasard et l'assurance de mon maintien me facilitent ce moyen. Je n'y trouve point d'obstacle.

J'avois écrit une lettre, dont j'étois aussi porteur, et je l'avois adressée au président de la convention. Je crois m'en rappeler tous les termes ; les voici : « Citoyen » président, je demande à faire une pé- » tition de grace et de clémence pour » Louis. Je crois l'avoir appuyée sur des » motifs puissans. Je vous supplie de m'ob- » tenir d'être entendu de la convention » ; et j'avois signé: *Marignié*, citoyen français.

On a vu que je suis dans la salle. J'appelle du geste un huissier, qui vient, et à qui je remets ma lettre, avec charge de la porter aussitôt au président. Je le suis des yeux. Il y va en effet, et je vois le président décacheter et lire ma lettre. La discussion rouloit dans l'assemblée sur la démission de M. Kersaint. Je laisse passer environ une heure, et très-inquiet du sort de ma demande, j'appelle un huissier, autre que le premier, qui vient à moi, et à qui je fais la prière de vouloir bien aller s'informer du président, quelle réponse il a à faire au nommé *Marignié*, dont il vient de recevoir une lettre. L'huissier revient, et me dit que le président lui a répondu qu'il fau tattendre l'heure des pétitionnaires, mais qu'il ne croit pas que je sois entendu. Lhuissier s'éloigne en même tems, et mon agitation et mon inquiétude étoient extrêmes.

Auprès de moi passe cependant le député, M. Barbaroux, aux traits duquel je puis appliquer son nom, et voilà tout. Je ne connois aucun membre de la convention. Je l'arrête, et le prie de m'écouter. Je lui dis quel motif m'attire à l'assemblée. Son étonnement me paroît grand et me surprend à mon tour. Il l'exprime par l'interjection française qu'on ne peut pas écrire , et ajoute : *vous ne se-rez pas entendu*. Je veux répondre , et il mé réplique : *je souhaite au reste que vous le soyez*. Il s'éloigne.

Cependant un troisième huissier jettant les yeux sur moi, et ne me reconnoissant pas pour député , me demande si je le suis ; je lui réponds que non, mais qu'un motif puissant me retient dans l'enceinte où j'attends une réponse du président. Il ne me permet pas de rester dans les rangs des législateurs, et il me conduit au banc où on place les étrangers admis aux hon-neurs de la séance. Ce n'étoit pas sortir de l'enceinte.

Beaucoup de tems s'écoule , et l'as-semblée l'emploie sans interruption à di-vers objets. Enfin j'entends le président parler des pétitionnaires. Mon cœur pal-pite ; mais c'est pour demander à l'assem-blée si elle ne juge pas convenable de les renvoyer au lendemain. Elle l'adopte.

Je me soulevois pour jeter un cri , quand le président poursuit : il y a ce-pendant une pétition..... Je crois que c’est de la mienne qu’il va parler ; mais vain espoir ! C’est pour demander une exception pour un officier belge, qu’on introduit au même instant, et il parle.

L’agitation où j’étois ne peut se rendre. Je quitte le banc où l’on m’a placé, et j’entre de nouveau dans ceux des députés, ne prenant plus conseil que de mon trouble. Je me trouve à côté de l’un d’eux, que je vois être M. *Rouyer*. Je prends la confiance de lui dire avec émotion quelle demande je brûle de faire, et je l’intéresse assez pour qu’il veuille bien aller lui-même dire au président que j’insiste pour parler avant que l’assemblée se sépare, me désignant encore par mon nom attaché à ma lettre. (1) Je l’observe ; il va en effet ; parle au président ; et quand j’attends son retour et sa réponse, l’officier Belge a achevé de parler ; le président entreprend de lui répondre ; tout tient à un instant. Je crois pouvoir le

____

(1) Je ne dois pas omettre de dire, pour être exact, que M. Rouyer me fit entendre aussi qu’il ne croyoit pas que je fusse admis.

saisir encore ; je descends précipitemment
les gradins et je cours au fauteuil. -- Vous
êtes M. Vergniaud , lui dis-je ? oui , me
répond-il... L'assemblée étoit debout et se
séparoit déjà. Monsieur , lui crié-je , je
suis *Marignié;* proposez donc d'entendre
la pétition de grace et de clémence pour
Louis, dont je vous ai fait la demande.
Pourquoi ne l'avez-vous pas fait déjà ?
Eh ! me répond-il , avec beaucoup de
vivacité : si j'en avois seulement fait la
proposition , j'aurois été lapidé..... Déjà
l'assemblée étoit dissoute, les spectateurs
des tribunes défiloient, et les députés s'é-
loignoient. J'étois au désespoir. -- Ainsi
je n'ai plus d'espérance, lui dis-je , et il
ne me reste dans mon impuissance que
de publier inutilement ce que je n'ai pu
faire entendre. Je le ferai , je le dois à
mes sentimens, et j'ajouterai , je vous en
préviens, les paroles que vous m'avez
répondues , où vous avez interprété
l'esprit de la convention. --- Que voulez-
vous me dire, reprend M. Vergniaud,
regrettant ce qui lui est échappé, et vou-

lant le retirer. --- Vos paroles, monsieur : *Si j'en avois fait seulement la proposition j'aurois été lapidé.* --- Je ne sais de quoi *vous me parlez*, me dit-il alors, avec beaucoup d'impatience ; *je reçois tant de lettres, il s'agit de tant de pétitions, je ne sais pas même quel est le motif de la vôtre.* --- Ah ! vous savez fort bien ce que je vous ai dit ; vous m'avez bien entendu, et votre réponse y est trop conforme. Je vous répète que tout sera rendu public. --- *Faites tout ce que vous voudrez, je vous préviens que je vous désavouerai.* --- J'imprimerai cela aussi, lui crié-je en m'éloignant, la douleur et le désespoir dans le cœur. Je crus encore lui entendre dire : *je vous désavouerai*, et moi je tiens parole. Je n'ajoute plus rien ; seulement je signe ici ce récit, prêt à le sceller de mon sang. Il coulera du moins sur l'autel de la pitié que j'embrasse. Il est mon seul azile et mon unique défense.

MARIGNIÉ,

Le 21 janvier 1793.

PÉTITION

DE GRACE ET DE CLÉMENCE

POUR

LOUIS XVI.

REPRÉSENTANS du peuple Français, vous qui, en exerçant sa souveraineté dans la cause la plus solennelle, avez cru devoir en revêtir toute la plénitude; vous qui, seuls les arbitres du décret rigoureux que vous venez de rendre, mais qui n'avez plus qu'un moment à l'être, conservez jusqu'à son irréparable exécution tous les droits suprêmes de la volonté souveraine dont il est émané; daignez écouter une voix qui vous parlera comme elle auroit parlé à la nation entière, si vous aviez cru devoir envoyer à sa ratification la décision du sort de Louis XVI, dans l'état où l'a mis le jugement que vous avez rendu sur lui.

Je ne viens reproduire aucune des questions sur lesquelles vous avez prononcé. L'objet de la pétition que je vous adresse, est nouveau sous tous ses rapports. A ce titre, du moins, vous ne pouvez refuser de le considérer avec réflexion ; car rien dans cette affaire ne doit rester sans avoir été traité, mûrement discuté et solennellement décidé.

Sans doute, la justice sévère et inflexible est l'un des attributs distinctifs de la souveraineté ; celui que la nation qui l'exerce immédiatement, et en son nom, les mandataires qui la représentent, doivent le plus religieusement respecter et employer. Vous avez cru y satisfaire en prononçant un arrêt de mort : eh bien ! vous voilà acquittés à cet égard. Cependant en passant immédiatement à l'exécution, sans examiner si un attribut encore de la souveraineté, qui ne lui est ni moins inhérant ni moins précieux, ne réclame rien de vous ; vous ne seriez pas irréprochables, comme vous avez tous à cœur de l'être, je n'en saurois douter, dans les actes éminans de la représentation dont vous êtes revêtus.

Cet attribut, citoyens représentans, c'est la clémence. Il ne seroit pas souverain le pouvoir qui, illimité pour rendre la justice la plus sévère, ne le seroit pas pour faire grace et rémission. Sans doute, vous n'en contesteriez point le droit à la nation si, se levant toute entière en ce moment, elle déclaroit de la

manière la moins équivoque, que c'est sa volonté d'en user. Mais, citoyens, en vous mettant à sa place aussi immédiatement que vous
l'avez fait en rejetant l'appel proposé, vous
avez implicitement reconnu, ou plutôt authen-
tiquement proclamé que ce droit de la nation
vous est souverainement dévolu, comme tous
ceux quelconques qui peuvent s'appliquer à
cette cause. Non que vous soyez rigoureusement tenus de faire grace, comme vous l'êtes de
faire justice; mais tenus rigoureusement, j'ose
le dire, d'examiner s'il y a lieu à la faire;
si des considérations importantes la sollicitent;
si les titres que fait valoir quiconque vous les
expose, sont d'un poids qui balancent les motifs de rigueur qui vous ont arraché une dou-
loureuse condamnation.

Représentans du peuple, je dois vous le dire
comme je le sens; la conviction qu'ici tous
les motifs, tous les titres, tous les droits même,
car il en est à la clémence, se réunissent et
se confondent, me sollicite et me presse. Elle
agit de toutes parts sur moi, et sa puissance
ne me laisse pas libre de me taire. C'est à elle,
à elle seule que j'obéis irrésistiblement à cette
heure. Je ne regrète que de trop éprouver le
sentiment de la foiblesse de talent qui me fera

rester autant au-dessous de ce que j'éprouve ; en même-tems que la gravité de cette circonstance, et son péril imminent, m'interdisent la faculté d'y suppléer par les ressources d'un travail lent et réfléchi. Je ne réponds pas même de la méthode, de l'ordre, de la série des idées, dont, avec moins de précipitation peut-être, je serois plus capable. Mais soyez indulgens pour celui qui vous parle de grace. Achevez ce qu'il ne fera qu'indiquer ; suppléez à son désordre, et même à ce qu'il omettra. C'est assez qu'il vous mette sur la voie des sentimens et des pensées qu'il vient réveiller en vous. Attirez tous les motifs dont il ne fera que s'approcher ; sur-tout ne fermez pas vos cœurs au sentiment, s'il est assez heureux pour l'y exciter ; et ne mettez pas des préventions autour de votre raison, car il croit aussi pouvoir s'adresser à elle..... C'en est assez, je m'abandonne.

Les premières idées qui se présentent à moi, les premiers motifs de la grace que je viens solliciter de vous, qui me frappent, sont ceux que je trouve dans le plus grand nombre des actes remarquables émanés de l'autorité, aussi long-tems, que d'après un long usage, elle fut souverainement exercée par le seul ministère de Louis. Vous avez soumis à votre examen, citoyens représentans, quelques momens ; moins d'une année de l'existence appelée constitution-nelle de cet infortuné ; et le jugement capital que vous venez de rendre, témoigne que vous y avez trouvé des crimes. Voilà ce qui a excité la rigueur dont votre conviction vous absout. Mais remontez au-delà, et vous y trouverez, je m'en assure, de quoi exciter votre clémence. Que cette portion de sa vie, que tant d'actes qui la composent toute entière, si peu d'instans exceptés, ne soient pas tous perdus pour lui.

Et d'abord, de quoi nous glorifions-nous sur-tout, et même exclusivement à cette heure ? Quels sont les objets uniques de nos passions et de notre culte, et certes, qui justifient bien tant d'enthousiasme et d'adoration ? La liberté, l'égalité. Eh bien, citoyens ! autant qu'il est possible à un roi de préluder au règne de ces deux souveraines de la France, je dis, et je vais établir invinciblement, que Louis l'a fait, jusqu'à l'époque la plus récente de sa vie, où l'a saisi votre examen sévère. Je dis, et une énumération rapide, la seule que permette la forme, et la circonstance de cette pétition, l'éta-blira, sans qu'on puisse le contester ; que s'il eût été retranché de la vie, naturellement trois ans et demi avant l'instant où je parle, l'ami le plus passionné de la liberté et de l'égalité, assis parmi vous, qui eût écrit son histoire et sa vie, l'auroit placé au rang du petit nombre des princes qui ont le mieux préparé leur culte, et même le plus sacrifié sur leurs autels. Cet espace, citoyens, comprendroit cependant trente-quatre années de vie, et quatorze ans de règne. Niera-t-on qu'on n'y trouvât et l'abolition du servage dans ses domaines; et celle de la question dans les tribunaux; et celle des corvées dans les campagnes; et celle d'une inhumaine indifférence, tant dans le régime des prisons que dans celui des hôpitaux? Niera-t-on en présence de ses édits en faveur des protestans qu'il fut le précurseur de vos loix de tolérance, comme il l'a été de celles de liberté, dans les essais qu'il a tentés d'administrations provinciales et populaires, et dans cette double assemblée de notables qu'il a convoquée: enfin, dans l'appel qu'il a fait des états-généraux, et sur-tout dans la double représentation de ce qu'on appeloit alors le tiers-état, qu'il a adoptée au milieu de tant de réclamations, du rugissement de tant de préjugés qui l'entouroient, et de tant d'oppositions de ses plus proches, pour lesquels on sait sa condescendance, et dont cependant il a triomphé courageusement.

Pressé d'en venir à cet acte si mémorable, et en lui-même, et par ses effets, et par les contrastes qu'il offre avec la situation où il se trouve en ce moment vis-à-vis de vous, et par toutes les idées qu'il réveille, j'ai négligé, sans doute, de vous rappeler une foule d'autres actes analogues à ceux que je viens d'indiquer d'un trait rapide. Je me reproche d'avoir omis celui de la guerre pour la liberté des Etats-Unis de l'Amérique qui s'offre à moi au même instant; guerre précocement nationale, comme entreprise sous la dictée de l'opinion publique qui la sollicitoit; guerre qui procura à la France cette paix avec l'Angleterre, qui expulsa l'outrageux commissaire Britannique à Dunkerque, et effaça tant d'autres ignominies accumulées par tous les derniers traités de paix conclus avec cette puissance rivale.

Mais je renonce à la rendre complette cette énumération, pressé, dis-je, que je suis d'arriver à l'acte de son règne, qui a cela d'extraordinaire et de solennel, que c'est de lui que datent à-la-fois et votre existence et sa mort politique. Que dis-je? encore quelques heures, sa mort toute entière, et sa mort cruelle et ignominieuse. Convention devant qui je parle, tu es née de la législature, née elle-même de l'assemblée nationale, que, sous le nom d'états-généraux, Louis, quoiqu'il ait fait depuis, l'a réveillée de la cendre des tombeaux, où son existence dormoit oubliée depuis deux siècles. C'est ainsi qu'il est la racine non équivoque de votre arbre généalogique. A bon droit l'histoire et la postérité le nommeront le restaurateur , ou plutôt même, l'auteur de la représentation nationale qui le condamne. Citoyens, encore peu d'instans, et quelques voix parmi vous auront suffi pour briser, avec un appareil sanglant, cette existence à laquelle la vôtre se rattache. Grace, clémence pour lui, citoyens, au nom de ces actes précurseurs de la liberté, de l'égalité, de la tolérance que je viens de retracer. Grace, clémence au nom de votre existence politique ; au nom de tout le bien qui doit en découler, et à la source duquel il est impossible à aucune puissance humaine ou sur humaine d'empêcher que Louis ne soit placé, comme l'ayant faite sourdre et jaillir. Brisez le sceptre qui en a été l'instrument, désormais inutile et dangereux; tracez sur la main qui ne pouvoit plus qu'en abuser après l'y avoir fait servir, le jugement que vous avez rendu; mais que là s'arrête votre sévérité. Elle est assez satisfaite par la sentence portée ; mais

son

son exécution, citoyens, son exécution révolte. A son approche une foule de sentimens se soulève avec horreur et effroi. Le stoïcisme républicain ne sauroit les étouffer, parce qu'ils tiennent à des vertus et à des mouvemens de l'ame. Ils se composent ces sentimens, outre ceux de la sainte humanité, que l'approche de la mort violente fait toujours tressaillir, d'un mélange confus de mille autres, parmi lesquels se distingue je ne sais quelle horreur craintive de se souiller, en se couvrant de ce sang, du crime moral d'ingratitude; du crime épouvantable de parricide. Grace, clémence, citoyens, au nom de cette horreur, peut-être fantastique, peut-être juste, dont, j'en suis garant, des millions d'ames et de cœurs français sont agités en ce moment.

Il faut vous offrir encore d'autres considérations, citoyens représentans; et il en échappera trop à la rapidité de cet élan, pour ne pas me saisir au moins de toutes celles qu'une sorte d'instinct me suggère, plus que ma réflexion troublée ne me permet de les chercher, de les choisir, et de les classer.

J'ai parlé jusqu'ici du roi plus que de l'homme, et je vous ai retracé un assez grand nombre des actes de l'autorité qu'il exerça sous

B

ce titre, qui pèsent dans l'autre bassin de la balance que vous avez tenue en le jugeant. Mais il n'est plus roi, il n'est plus qu'un homme, qu'il vous est si facile de livrer à la nature, qui use et détruit incessamment, sans redouter cependant qu'il dépasse jamais le niveau commun. Oui, ce n'est qu'un homme que vous avez condamné à la mort. Le roi fut tué le 10 août ; sa mort fut solennellement proclamée dès votre première séance. Les cœurs français, devenus tous républicains, sont les registres indestructibles sur lesquels cet acte mortuaire a été infaçablement transcrit. Ce n'est qu'un homme qui marche au supplice, et il m'est impossible de ne pas m'interroger sur ce qu'il m'inspire, dépouillé de tout ce qui l'environna jusqu'ici, et réduit à la commune et générale condition.

Je me demande, qu'a-t-il fait depuis que le roi en lui a disparu ? Qu'a-t-il été sous le seul rapport d'homme, pendant que le hasard et le malheur de sa naissance l'avoient placé et le retenoient fatalement au rang des rois ?

Louis m'étoit peu connu, je l'avoue, et il l'étoit peu généralement pour la foule des citoyens avant l'époque des événemens qui se précipitent depuis quatre années. On savoit cependant qu'il n'avoit que des goûts simples ; que sous les rapports domestiques toutes ses qualités étoient parfaites ; on savoit qu'il n'y avoit pas un meilleur père, un époux plus tendre et plus fidèle, un frère plus affectueux, un maître plus débonnaire pour ses domestiques. Tous ceux qui lui étoient attachés par des fonctions particulières le chérissoient ; ils ne parloient de lui qu'avec amour et intérêt, et on distinguoit bien que c'est de l'homme seulement qu'ils parloient, et que le roi étoit entièrement effacé pour eux, d'après le genre d'impression qu'ils conservoient et qu'ils communiquoient.

Les circonstances qui se sont succédées si rapidement dans l'espace des quatre dernières années, ont étendu et fait varier le cercle au milieu duquel il a vécu, et les mêmes rapports sur sa personne que je viens de vous retracer ont ainsi été confirmés par un plus grand nombre de témoins. On a mieux su, et ce n'est même qu'alors qu'on l'a bien su, qu'il avoit l'habitude de l'application aux études les plus importantes, et aux soins les plus utiles. Son instruction solide et variée qui en est le fruit, et qui n'est plus douteuse pour personne aujourd'hui, est encore une découverte de l'époque récente dont je parle. On a distingué sur-tout, comme le trait dominant de son caractère, la modération. On a su enfin qu'il étoit doué d'une modestie poussée jusqu'à une défiance outrée de lui-même, qualité ou défaut qui, pernicieux à lui seul, ne l'a pas été au succès de la révolution; et dont ainsi nous devrons tous lui savoir gré quand nous en recueillerons les avantages.

Parmi les autres qualités personnelles, qu'il possède et toujours estimables que les événemens actuels nous ont fait connoître, se place cette sorte de courage qui est le caractère de l'ame en qui domine la bonté, qui ne lui permet pas de craindre des autres le mal qu'elle ne sauroit faire à aucun. C'est du moins à cette disposition que me paroît appartenir celui que Louis

a uniformément manifesté dans toutes les circonstances périlleuses où la révolution l'a placé;
et quand il vint se jeter avec tant d'abandon
dans le sein de Paris hérissé d'armes de toute
espèce, dont toutes les mains s'étoient saisies,
le 17 juillet 1789; et lorsque le 5 octobre, de
la chasse où il étoit, il revint sans hésitation
à Versailles, vers lequel s'avançoit la foule
inombrable et armée des habitans de Paris ir-
rités contre lui; et sa contenance le 5 quand
il fut conduit au milieu d'elle, absolument à sa
discrétion; et sa même tranquilité au milieu
du mouvement plus animé encore du 20 juin
dernier; et enfin toute sa conduite si calme,
si uniforme, si peu agitée depuis qu'il est ren-
fermé dans la tour du Temple; disposition qui
ne l'a pas abandonnée un seul instant depuis plus
de cinq mois qu'il est ainsi détenu, et que
vous-mêmes enfin avez pu si bien reconnoître
lorsque deux fois il a été amené en votre présence.

Vous avez jugé criminels à sa charge tous
les meurtres commis depuis la révolution; vous
lui avez imputé tout le sang qui a coulé dans
et hors l'empire; ce n'est même que de votre
conviction à cet égard qu'a pu émaner l'arrêt
de mort que vous avez porté contre lui.
Tant d'homicides commis doivent sans doute
être vengés sur leur cause. Cependant je vous
dirai à vous-mêmes, et vous l'entendrez sans
taxer d'effort et de subtilité cette distinction;
que l'homme, l'homme seul que je considère
en Louis, n'est pas pour cela convaincu d'être
un homme de sang, tel que la société, dont je

vous demande de ne pas le retrancher par la mort, exige ce moyen extrême pour être rassurée contre sa férocité. Que dis-je ? tout concourt à prouver que l'homme, que seul ici je considère en Louis, est doué de mœurs douces et humaines.

En effet, quelques dispositions de sûreté, ou de défense, ou de précaution qu'il ait faites, soit autour de Paris en juillet 1789, soit autour de lui en octobre de la même année; soit à Varennes; soit le 10 août; ou en quittant sa demeure, pour se jeter dans l'asyle de l'assemblée législative, il proféra ces paroles certaines : *puisque nous nous retirons il n'y a plus rien à défendre ici*, et où en son absence, et à son insu s'engagea une mêlée : n'est-il pas authentique qu'aussitôt que la résistance a été prononcée, et que pour la vaincre, ou le tenter du moins, il est de venu inévitable de donner le signal du meurtre et du sang, il s'en est au même instant abstenu. Citoyens représentans, donnons à chaque chose son nom, et nous ne taxerons pas cette conduite de lâcheté. J'ai établi je crois solidement qu'il est une sorte de courage, et qui n'est pas la moins équivoque, qu'on ne sauroit se refuser à reconnoître dans Louis. Or ces deux caractères, la lâcheté et le courage ne sauroient existerter ensemble dans le même individu. C'est l'horreur du sang qui se manifeste incontestablement dans toutes ces occasions; et lors même que vous avez trouvé le roi coupable et criminel sous le rapport de *pouvoir*, je n'hésite pas à dire devant vous que l'homme est absous de toute accusation de cruauté. Mais de qui parle-je ici ?

qui la mort et le supplice menacent-ils? l'homme, l'homme seulement; il ne vous reste plus rien du roi à frapper en lui.

Eh bien! voilà des faits exacts et vraiment caractéristiques de ce qu'est Louis, je le répéte, tel que vous l'avez rendu, homme seulement, et rien de plus. Voilà des faits qui seuls ont fait son apologie, à laquelle j'ai nui sans doute plus que je n'ai servi, soit en ne completant pas tous ceux qui s'offrent à rassembler; soit en ne vous présentant pas ceux que j'ai saisis au hasard avec assez de force et d'intérêt : et pour ne pas omettre une considération qui s'offre à moi à l'instant, comment ne pas reconnoître, sans pouvoir le contester, ce caractère de bonté par lequel je veux vous intéresser à lui; au nom duquel, citoyens, je crie encore à vos ames grace, clémence, dans l'empire qu'il exerce sur les cœurs, dans l'état d'humiliation où il est tombé; d'autant plus abandonné de prestiges qu'il les a tous rassemblés sur lui.

C'est dans cet état cependant, et ici la notoriété est publique, qu'il n'est pas un seul être, quelqu'animé qu'il soit contre lui, soit par sa conviction, soit par sa prévention, qui appelé à l'approcher par les fonctions les plus rigoureuses, car il ne s'en exerce pas d'autres auprès de lui, ne s'amolisse au même instant, atteint et charmé, malgré tous les offorts qu'il oppose, par l'irrésistible attrait de la bonté. Il faut tout dire, et nul ne l'ignore, ceux qui sont chargés de la responsabilité de sa garde en ont tellement redouté l'effet, qu'ils n'ont trouvé de moyen d'en prévenir les suites qu'en interdisant de rendre

aucun compte de sa personne, de ses actions,
de ses moindres paroles, je dirai presque de ses
gestes; et sans hésiter, de l'expression douce et
sereine de son front, miroir si vrai et si expressif
de son ame. Quelqu'il fût ce compte, quelque
systême de sévérité outrée que se crussent obli-
gés d'y employer ceux qui en ont été quelque
tems chargés, l'attrait s'y faisoit sentir; le charme
de la bonté y perçoit, la séduction s'opéroit.
C'est devenu un devoir pour eux de se l'inter-
dire absolument; et peut-être a-t-on fait ainsi
ressortir davantage cette qualité entraînante.
Quant à moi, je n'y ai pas resisté; j'ai été invinciblement captivé par ce caractère non équivoque de l'homme bon, et en ce moment où
un supplice horrible s'apprête pour lui, je n'ai
pu me défendre, palpitant, et d'autant plus dé-
chiré d'angoisses que sa résignation et sa sérénité
sont plus inaltérables, de m'élancer au milieu
de vous, et de m'écrier : grace, clémence pour
l'homme bon.

Pour l'homme bon et qui l'est aujourd'hui, et
qui le fut toujours. Osez le nier à ce vieillard
qui sans appel, sans sollicitation n'a pas hésité
de se livrer avec tant d'abandon à sa défense;
à ce vieillard dont vous avez recueilli le témoignage irrécusable dans le spectacle de son émotion si attendrissante. Et à quel autre foyer se se-
roient échauffées les glaces de sa caducité? Il
l'avoit approché jadis, et bon lui-même, l'impression de bonté qu'il lui avoit faite n'a plus
permis à la sienne de rester inactive. Et tant
d'émotion que vous lui avez vue, à l'âge où
l'ame engourdie et usée en est si peu et si rare-

ment susceptible ; et les larmes qui rouloient dans ses yeux desséchés et taris par l'épuisement de la vie, dites, qui les a rendus si animés ces tressaillemens ? qui les a exprimées ces larmes ? le calme de la victime, sa douceur, sa résignation, l'impression ancienne, l'impression rénouvellée de sa bonté. Non, l'homme aride, car je ne dirai pas le méchant, n'inspire pas, n'entretient pas des sentimens ainsi énergiques. La bonté, la plus grande bonté rend seule raison de ce phénomène. Votre conviction a pu se refuser à la part qu'a eue la raison de Malesherbes à la défense de Louis; mais le témoignage que son émotion et ses larmes ont rendu à sa bonté est irrécusable. Citoyens représentans, clémence, grace pour la bonté, que cette preuve, que tant de preuves signalent à l'envi.

J'ai cherché, j'ai trouvé des motifs à la clémence pour laquelle je vous sollicite, citoyens, et dans tous les actes émanés du roi, jusqu'à ceux qui ont été l'objet de votre jugement rigoureux, et dans les qualités personnelles de l'homme. Ces motifs pour vous y porter sont puissans peut-être, mais ils le sont moins toutefois que ceux que je regrette avec amertume d'être réduit, par la forme et la précipitation de cette prière, à vous indiquer à peine. Je veux parler des motifs pris dans l'intérêt public; le bonheur durable de l'état, l'affermissement prompt et sûr de votre ouvrage, citoyens, de la république.

J'ai laissé paroître, sans me donner aucun soin pour le dissimuler, jusqu'où je suis accessible à la compassion et à la pitié. La nature a trop bien gravé ces sentimens dans les cœurs, avant que l'art social ait transformé les hommes en citoyens, pour qu'il y ait à se défendre d'y être autant accessible. Je sais cependant que là où les impressions de la nature et les devoirs du civisme sont en opposition, et se heurtent, (et dans les orages politiques des cas pareils peuvent être fréquens) je sais que les devoirs dans leur marche ferme doivent fouler, sans les appercevoir presque, les impressions de quelque ordre qu'elles soient. Aussi je déclare que je n'aurois pas à me reprocher d'écouter les sentimens dans cette cause, pour peu qu'ils me parussent être en opposition avec l'intérêt de la république. Mais lorsqu'au contraire la clémence qu'ils sollicitent avec tant d'empire s'offre à moi comme le moyen le plus certain de son salut et de sa prospérité, je manque d'expressions pour vous dire, citoyens représentans, toute la passion avec laquelle je m'y attache; et je ne saurois vous rendre le trouble où me jette la persuasion intime que j'ai de l'effet salutaire de la grace pour laquelle je vous presse, opposée à la crainte qui m'agite que ces considérations ne prévaillent pas sur vous. Cependant, citoyens, c'est avec toute la force et la clarté de l'évidence que je les ressens. Que ne puis-je donner à cette discussion politique toute l'étendue qu'elle exige! J'exposerai rapidement quelques-uns des principaux motifs qui l'appuient.

Représentans du peuple, vous à qui la nation à commis tous ses intérêts, et de qui elle attend ses destinées, vous avez en même-tems deux buts à atteindre pour vous acquitter envers sa confiance. Dans l'intérieur, vous avez à rallier les opinions, les vœux et les volontés; à calmer les discordes, à étouffer les haines; à fermer des plaies saignantes et profondes; à tout mettre en œuvre; enfin pour faire converger vers un même centre toutes les actions, comme tous les desirs; et ce centre ne doit, ne peut plus être que le gouvernement républicain. Ne dites pas que la force y suffira, et que tout y sera violemment traîné et retenu. Je sais quelle est la vôtre; je sais que, composée de toute celle de cette portion du peuple si énergiquement prononcée, elle peut tout contraindre, et faire toujours prévaloir vos volontés qu'elle seconde. Mais en est-ce assez pour se refuser à tout tempéramment; et parce que vous pouvez tout soumettre, ne voudrez-vous jamais rien gagner? non qu'il faille en aucun tems que les principes fléchissent; mais si, sans qu'ils reçoivent aucune atteinte, la république peut aussi bien et mieux s'affermir au sein du calme, pourriez-vous préférer d'entretenir le souffle des vents orageux, qui ne la renverseront pas, je le sais, mais qui agitent trop violemment son berceau. Ah ! ne laissez pas échapper, citoyens prévoyans, cette occasion mémorable et certaine de conquérir à la cause de la nouvelle patrie, si ce n'est tous les enfans de l'ancienne, le plus grand nombre au moins parmi eux, de l'inébranlable fidélité, et du dévouement parfait, desquels je n'hésiterois pas à donner ma tête pour garant. Faites-là cette conquête précieuse que je viens vous offrir. Un seul mot, et un mot de clémence y suffit. Je ne puis pas vouloir vous menacer à la place où je suis;

mais ne puis-je pas vous demander , sans en encourir le soupçon, si vous ne seriez pas coupables, lorsque vous avez à votre disposition un infaillible moyen d'atténuer nos divisions, de nous rapprocher presque tous , en nous concentrant dans un seul intérêt, de refuser obstinément de l'employer. De grandes et nombreuses attaques, dit-on, s'avancent et se précipitent sur nous. Il faudra beaucoup de bras animés par une ame commune pour les repousser; et ce mot que je vous demande , ce mot de clémence , sera au même instant le signal d'un enrôlement nouveau et innombrable. Ils y accouront tous ceux qui, sourds jusqu'ici au tocsin d'une liberté qui ne s'est offerte encore que menaçante et farouche, l'embrasseront avec transports , clémente et miséricordieuse. C'est ainsi qu'à chaque caractère, offrant tour-à-tour l'appas qui lui est propre, vous les aurez tous entraînés et tous confondus. Et nous , levés plus tard que nos frères aînés , nous aurons des forces plus fraîches et plus entières ; nous aurons, outre leur exemple, le besoin d'expier notre retard. Nous ne les releverons pas de leur poste, tout harassés de travaux qu'ils y résistent. Je sais qu'ils le refuseroient. Mais si l'émulation que nous leur inspirerons , les fait redoubler d'efforts ; si les vivans souvenirs de ce qu'ils ont fait exhalte les nôtres ; citoyens, quels effets, quels prodiges ne devez-vous pas en attendre ? Citoyens, citoyens, je vous le crie encore, au nom de cette concorde intérieure que je vous ai garantie sans témérité ; au nom de nos forces ainsi centuplées par elle ; grace, je le répéterai sans cesse, grace et clémence.

Mais j'ai parlé de combats, de travaux mi-
litaires, de périls ; et dans une réunion peut-
être générale , qui tient à un seul mot de vos
bouches, j'ai fait voir quelles ressources vous
vous assuriez pour tout rallier et tout vaincre.
Voici de plus que ce mot, que je sollicite autant de votre raison que de vos sentimens ; vous
devez le considérer comme une batterie fou-
droyante et terrible , dont l'explosion si facile
démonte au même instant le plus grand nombre
de celles que de toutes parts, dit-on, on pré-
pare et on dirige contre vous. Pour qui seroit-
il douteux, en effet, qu'à ce bruit aussi-tôt
retentissant dans tout le monde, de Louis expiré
sur un échaffaud, et les peuples que leurs souverains ont déjà rassemblés contre vous ; et ceux
qu'ils retiennent encore dans une attitude incer-
taine par des motifs divers, mais ou celui de
la compassion et de la pitié n'est pas équivoque ;
que tous, dis-je, ne soient aussi-tôt excités par
ceux qui s'appellent leur maîtres, et électrisés
par autant de ressorts qu'ils pourront en mettre
en œuvre. Dès-lors , et leur nombre, et les
motifs suggérés, fournis par vous-mêmes, vont
coûter à nos succès des efforts plus sanglans,
et des pertes plus immenses.

Représentans du peuple, avides de ses succès,
seriez-vous aussi indiscrètement prodigues de
son sang ? Eh quoi ! si au moment d'une action
où vos frères se présenteroient avec ce courage
intrépide et inconsidéré qui les caractérise, une
voix dont vous ne pourriez méconnoître la
puissance, se faisoit soudain entendre, et vous
disoit : « Voyez-vous cette foule innombrable

» et frémissante, contre laquelle s'avancent en
» souriant de leur fureur, et sans daigner les
» compter, vos enfans, vos frères, vos pères
» et vos amis? Ils vaincront, sans doute; mais
» à quel prix! Combien va couler de leur sang
» et du vôtre! Eh bien! je puis d'un seul mot
» dissiper la moitié de tant d'ennemis, et énerver
» presqu'en entier les forces de ceux qui ose-
» ront ne pas les suivre. » Vous n'hésiteriez pas,
pères de la patrie, à vous écrier : prononce-le
ce mot, et hâte-toi. Citoyens, vous êtes cet
homme ; ce mot est *grace*; et dans votre bouche
il a toute la puissance que je n'ai pas exagérée.
Vous hésitez cependant? Vous voulez donc semer
vous-même les dents du dragon qui se transfor-
meront aussi-tôt en bataillons innombrables, qui
fondront sur vous. Vous voulez donc fournir
la pierre où s'aiguisera le tranchant des armes
qui mutileront et précipiteront dans la mort des
millions de françois? Et quelle pierre? un écha-
faud! Vous hésitez! seroit-ce que vous doutez
de la certitude de mes promesses? Vous ne le
pouvez pas, et vous ne sauriez vouloir le feindre.
Non vous ne doutez pas des dispositions de la
noble Espagne, loyale, religieuse à sa parole,
qui, tardive à se déclarer, est aussi plus inva-
riable dans ses déterminations. Vous ne doutez
pas que, d'accord avec elle, interviendroit
l'Angleterre, qui ne s'arme que pour ne pas com-
battre. La Hollande et le Portugal, leurs sattel-
lites, s'y uniroient inévitablement. Mais déjà,
dit-on, cette ligue vous menace, et vos ennemis
déclarés s'en réjouissent. Changés leur joie en
deuil, il ne tient qu'à vous. Il ne tient qu'à vous

que cette ligue ne soit au même instant une
neutralité armée, non pas seulement pour offrir
sa pacification, mais pour forcer vos rivaux
déçus à l'accepter. Epargnés le sang d'un homme,
et toute l'Europe est pacifiée ; notre liberté n'a
plus d'ennemis au-dehors ; au-dedans, je l'ai fait
voir, nous sommes tous ses enfans ; la république est reconnue ; elle s'affermit et prospère
à-la-fois. Dès demain, dès aujourd'hui nous
jouissons de tant de félicité sous le palmier de
la liberté, qui cependant n'a point fléchi, qui
ne s'est point abaissé ; et un mot seul a opéré
tous ces prodiges..... Vous hésitez encore ? Eh
bien ! je ne vous dis pas, l'arbre de la liberté
sera extirpé ; le niveau de l'égalité sera brisé.
Non, je ne le pense pas. Vous triompherez,
malgré que vous refusiez de le faire sans com-
battre, et au prix d'un seul mot de clémence.
Mais vous triompherez dans le sang ; dans le
sang versé au milieu des discordes, des haînes,
des fureurs intestines. Ne dressez pas un seul
échaffaud ; il en faudra des milliers pour punir,
ou pour retenir par la terreur la foule d'insensés
frénétiques que l'horrible exécution de votre
jugement va égarer. Vous triompherez dans le
sang versé au milieu de batailles horribles, dont
toutes vos frontières et les malheureuses terres
qui les touchent seront les théâtres déplorables
et fumans. Vous épuiserez les vies de la géné-
ration qui respire ; vous tarirez, du moins vous
rendrez rares, comme les épis après la moisson,
sur cette terre populeuse, les races qui vous
succéderont. La dernière obole du pauvre sera
pressurée pour acquitter les tributs impuissans

que vous serez contraints de lui arracher ; le dernier champ sur lequel repose le crédit public s'engloutira et sortira au même instant de l'urne des danaïdes, image trop fidèle de cet établissement que vous appelez *la trésorerie nationale...* Mais non, citoyens, ces pronostics affreux ne se réaliseront pas. Vous les conjurerez tous ; vous les conjurerez d'un seul mot. Je vous crierai clémence ; vous direz grace, et je déchirerai ce tableau.

Cependant qui me donne cette confiance de vous parler ainsi, tel que je me présente à vous, inconnu et isolé ? — Inconnu ? ma réponse m'a été tracée d'avance, et ce vers y suffit :

Si je peux vous servir, qu'importe qui je suis !

Isolé ? il est vrai, je suis seul ici ; et parce que je vis seul, et parce que j'ai eu l'inspiration de cette démarche, qui ne pouvoit plus être retardée, au sein de cette nuit même. Quel tems me restoit-il pour rassembler le peu de ceux que je connois, quoique tous partagent bien les sentimens que je vous exprime ? Ajouterez-vous que nul autre n'est venu dans une intention semblable à la mienne à cette barre, et en conclurez-vous que le vœu que j'y porte n'est ressenti que par moi ? Citoyens, les soixante-six rois qu'a eu la France n'ont accumulé tant de fautes et d'erreurs sur leurs règnes, que parce que les portiques et les avenues de leurs palais, leurs galeries et leurs salles, toujours regorgeant d'une foule oisive et curieuse, ou d'intrigans ambitieux, sembloient se fermer, comme par une vertu magique, sur tout homme, qui n'y eut apporté que

le vœu de son cœur, ou une pensée désintéressée
et vraiment utile. Mais comme dans des limites
circonscrites un petit nombre fait foule, les princes
trompés et abusés par elle croyoient que ses
vœux, ses cris, son agitation pourroient leur
servir de boussole pour leur indiquer les vrais
sentimens de la majorité, de l'universalité même
de ce qu'ils appeloient leur peuple. Mais j'ai assez
fait en indiquant ce rapprochement, qui peut-
être manque d'autant plus ici à la convenance,
qu'il est plus près de l'exactitude. Je me hâte
d'énoncer avec la confiance de la plus intime
conviction, que tel isolé que je sois ici, je sers
d'organe à la majorité, à la presque totalité des
habitans de la France, et à ceux aussi de Paris
où vous siégez. Quelques voix parmi vous, m'op-
posent en vain l'accord des témoignages contraires
qui s'est manifesté pendant qu'a duré la discussion
de cette cause solennelle, et me demandent où
donc étoient alors ceux dont je m'entoure ici,
avec une confiance que rien n'a justifié à leurs
yeux ? ils étoient, l'artisan à son attelier, le mar-
chand à son négoce ; l'homme de loi aux tribunaux ; le ministre du culte auprès des pauvres et
des mourans ; le nécessiteux honnête, ou faisant
un dernier effort pour se procurer la subsistance
du jour par une industrie pénible, ou sollicitant
la pitié au nom de ses besoins ; les épouses et
les mères dans leurs familles ; enfin toutes les véritables abeilles de la société, les abeilles ouvrières,
à la provision ou dans leurs ruches. Citoyens,
cela aussi est le peuple ; le nombre en est con-
sidérable, et il compte. Voilà le peuple au nom
de qui je vous parle. Tout consterné à cette
heure,

heure, ce même vœu de grace et de clémence
que je forme au milieu de vous, remplit son
cœur, comme il s'exhale du mien. Il est ce vœu
dans leur poitrine oppressée, dans leurs yeux
gonflés de larmes, dans la stupeur dont ils sont
saisis. Et pourquoi n'en sort-il pas, insistez-vous;
pourquoi ne se fait-il pas entendre? demandez
aussi pourquoi ce peuple est si nouveau à des formes
si nouvelles? pourquoi tous les droits politiques,
si beaux, si utiles à exercer que vous lui avez
rendus, il les abandonne tous? pourquoi la plupart
ignore même la route des lieux de rassemblemens
civiques que la loi a déterminés ? pourquoi il ne
porte jamais un nom au scrutin, qui lui donne à
son insu ses magistrats immédiats, et les élec-
teurs, qui placent, sans qu'il y prenne intérêt,
des sentinelles à tous les postes, où elles doivent
veiller pour lui? Vous demandez pourquoi il ne
se présente pas comme pétitionnaire? demandez
aussi pourquoi une idée de proscription semble
inséparable de ce nom, depuis que huit mille,
vingt mille, trente mille pétitionnaires se sont
en effet laissés proscrire ? Et, phénomène incon-
cevable! par quel nombre? j'ai peur d'exagérer
dans un sens diminutif en essayant de le déter-
miner. Je sais seulement qu'il ne peut se trouver
que parmi ceux qui ont bien fait de s'emparer
de l'expression présumée du vœu général, puis-
qu'on la leur a abandonnée; parmi ceux qui votent
politiquement dans les sections. Mais ce nombre,
le plus souvent de huit ou dix mille, n'a pas à
ma connoissance une seule fois encore excédé
quinze, et ne s'y est même je crois jamais élevé.
Il faut retrancher de ce nombre une minorité

quelconque; et c'est ainsi que le calcul exact aura rigoureusement démontré que quelques milliers d'hommes entreprenans, six ou sept mille au plus, auront prévalu sur trente mille pétitionnaires résignés, qu'ils auront proscrits, privés du droit de cité, arrachés à toutes les fonctions civiles, dont ils se seront exclusivement emparés; qu'ils... Je m'arrête, citoyens; mais si vous me demandez encore pourquoi des pétitionnaires de grace et de clémence n'ont pas la confiance de se montrer, j'aurai assez indiqué ma reponse. J'ajouterai qu'il manque à cette belle loi de pétition, ou plutôt à ce droit de la liberté, d'avoir convenablement déterminé le mode de l'exercer. Mais soit le tort de la loi, qui seroit celui des législateurs, soit celui de l'ignorance, de la foiblesse, de la terreur, ne veuillez pas, car je me garderai de dire ne feignez pas d'ignorer, que dans cette cité muette, où aucune douleur n'éclate, où aucun sanglot ne s'échappe ici pour attendrir vos cœurs, ne veuillez pas ignorer que tout en est rempli. J'ai dit, citoyens, *l'intérieur des demeures;* essayez d'y pénétrer, et ne croyez que vous seuls. Vous n'y sauriez suffire sans doute, eh bien! donnez une sauve garde à la douleur, une assurance à la pitié timide. Différez de quelques momens pour qu'un appel à la compassion, une proclamation de sûreté au deuil épouvanté qui se cache, lui rende la confiance de paroître qu'il a perdue, et j'entrevois que moi-même je serai surpris de l'affluence de clients qui se manifestera soudain à l'appui du malheureux qui vous semble délaissé, et de cette prière que vous dites isolée. Il y a ici une digue, je le dis sans crainte, qui refoule le torrent de compassion, qui se débordera aussitôt que votre main l'aura rompue. Brisez-là, souverains tout-puissans, et laissez-vous entraîner vous-mêmes par ses flots, qui font effort pour rouler jusqu'à vous.

J'ai dit, *différez*, et j'oublie que vous venez de rendre un décret contre tout sursis. Ah! celui que vous en avez frappé fit surseoir à l'exécution du jugement rendu contre la fille *Salmon*; et tu lui dûs, fille Salmon, avec la vie, la manifestation de ton innocence. Il fit surseoir celui que vous en avez frappé à l'exécution du jugement porté contre les infortunés indigens, connus sous le nom des trois roués de Dupaty, et ils ne périrent pas sur la roue, et leur échaffaud dressé fut brisé. Eh quoi? tu n'es pas ici fille *Salmon*; vous n'y êtes pas indigens infortunés qui lui devez l'innocence et la vie, vous que j'ai préféré de citer avant tous les autres, et vous tous à qui il a fait grace, vous n'y êtes pas! car il eut long-tems, et eut seul le droit de faire grace, et il l'a fit.

Représentans du peuple, de tout le peuple français, grace, clémence au nom de tout ce qui se tait et se cache; au nom de tous ceux qui ne vous ont jamais poursuivis ici ni de gestes applaudisseurs, ni de gestes menaçans; qui ne vous insultent ni ne vous flattent; qui attendent tout de vous sans jamais vous rien demander; qui ne vous apperçoivent, ni ne cherchent à être apperçus de vous; qui, s'ils ne sont pas toute la société en sont le noyau productif et fécond. Je m'élève à plus de confiance et je dis, qui

sont toute la société, moins une foible exception. Vous devez exprimer le vœu de la majorité ; représentans, grace, clémence : voilà en ce
moment celui de l'universalité. Distinguez y sur-
tout les condamnés, comme il l'est aussi, qu'il a
sauvés par ce droit de grace que je réclame de vous,
qui en avez hérité de lui comme de tous les autres;
et les prisonniers, dont, sans prévoir qu'il par-
tageroit si long-tems le sort, il a adouci la cap-
tivité ; et les malades, comme sa fille et sa sœur,
dont il a amélioré les asyles ; et les protestans,
qu'il a traités avec une tolérance, qu'il a depuis
vainement desirée pour lui-même ; et les pères
de famille dont il est le modèle; et tous les hommes
bons et sensibles, qui aucun ne le surpasse en
bonté et en sensibilité; et nous tous à qui il
semble trop rigoureusement jugé; et le plus grand
nombre parmi ceux mêmes qui inclinent davantage pour la sévérité, mais qui la trouvent assez
satisfaite, et par tout ce que Louis a déjà souf-
fert, et par ce qui lui reste à souffrir à jamais
de l'éternelle privation du haut rang où l'avoit
placé sa naissance; et toutes les nations étran-
gères attentives à son sort, et inquiètes jusque
dans l'autre hémisphère, où l'Amérique libre fait
des vœux pour sa vie; et les ames pieuses, que
sa piété touche; et les esprits vraiment philoso-
phiques, qui estiment en lui l'association de sa
croyance si ferme à une religion qui a des dogmes
intolérans, avec la tolerance qu'il a professée si
constamment : oui, citoyens, tous les hommes, et
au loin et auprès de vous, tous vous crient avec
autant d'émotion que moi-même grace, clemence.
Représentans du vœu d'une grande nation, con-

sacrez et son vœu général, et le vœu général de toutes les nations, dont vous ne pouvez mieux opérer la conquête à vos principes, que vous ambitionez, que par cet acte sublime et touchant de la souveraine représentation que vous exercez : grace clémence au nom de tous.

Cependant j'entends des voix qui s'efforcent de paroître funèbres, et qui m'avertissent de m'approcher du sein des morts, d'où l'on fait sortir une espèce de *veto* solennel et terrible contre le décret que je sollicite de la souveraineté dont vous vous êtes revêtus sans limites pour cette circonstance. Ce sont les ombres, dit-on, des fondateurs de la république qui murmurent; des fondateurs expirés le 10 août sous les coups lancés de la demeure qu'habitoit celui pour qui j'intercède.

Je me recueille pour les consulter; et sur leur tombe où j'ai médité, je déclare n'avoir point reçu cette inspiration qui m'eut glacé. Vous en êtes de faux interprêtes, vous qui reproduisez en leur nom ce mot, ce *veto* qui n'est plus de la langue de la liberté, pour en couvrir celui que je profère sans cesse, celui de *grace*, que le langage de l'humanité ne perdra jamais. Non, ces ombres républicaines, ces ombres épurées par la mort, satisfaites du prix qu'elles ont conquis, et ont assuré en s'enfonçant dans le trépas, ne crient point vengeance. évoquées à ma voix, et rappelées un instant sur la terre, où elles ont cherché d'un œil menaçant un trône, un sceptre, une couronne, et ont tressailli d'aise en les cherchant en vain; elles n'ont pas même demandé qu'elle destinée

avoit eue celui qui les portoit : et voici comment elles vous démentent, vous, qui leur prêtez
votre langage, qui n'est pas le leur : « Amans
» passionnés de la liberté, le nom seul de roi,
» la pâle lueur que jetoit encore la royauté
» excitèrent nos transports jaloux et terribles.
» Nous nous précipitâmes sur elle, mieux armés
» pour l'attaquer qu'elle ne l'étoit pour se dé-
» fendre. Mais en allant la chercher au sein de
» son dernier asyle, nous n'ignorions pas que
» des dangers, non pas pour notre cause, mais
» pour les premiers rangs de ses plus hardis
» défenseurs, les attendoient sur le seuil. Les
» braver fut notre devoir. Nous ensevelir dans
» notre triomphe un accident glorieux que nous
» ne nous étions pas dissimulés. La liberté a vaincu;
» elle est debout. L'ère de la république foule
» celle de la monarchie et l'a faite disparoître :
» notre mort n'est donc pas perdue; que parlez-
» vous de la venger ? »

Là, je reconnois en effet le langage généreux
de la liberté, et sur-tout celui de l'équité, qui,
épuré de toutes les souillures terrestres, sort du
tombeau simple et convaincant comme celui de
la vérité. C'est au moment de la charge; c'est à
Gemmape, c'est à Spire qu'étoient bien évoquées
ces ombres courageuses. C'est devant ces amphi-
théâtres de redoutes, et ces murs hérissés de
canons, qu'il étoit commandé de leur faire jetter
le cri terrible de la mort ou de la victoire. Mais
devant un échaffaud; mais pour y traîner une
victime; pour y frapper un homme seul et désarmé, qui fut leur prétexte plus que leur objet,
quand ils traversèrent la France entière pour

venir détruire tout ce qui restoit en lui de royauté, sans qu'ils eussent et pussent même avoir un seul motif de haine contre lui : Ah ! si cette pensée n'étoit pas une erreur, un délire de l'imagination ; si c'étoit un calcul froidement combiné pour égarer, par des tableaux d'apparitions et de spectres, la foule des esprits vulgaires qui ne sort jamais de l'enfance, ce seroit une attrocité que je ne veux pas même soupçonner. La place où je suis ne me permettroit pas de la caractériser au gré de mon indignation, et pourtant je ne serois pas capable de l'effort nécessaire pour la contenir.

Vous, citoyens, qu'on a voulu rendre aussi les représentans des morts pour vous transformer en instrumens d'une vengeance illégitime et sans motifs, vous ne vous laisserez point atteindre et entraîner par ces moyens grossiers et fantastiques. Tous ceux de la même nature ne feront pas plus d'impression sur vous ; et ceux-là qui découvriront les blessures, audevant desquelles ils ont couru volontairement pour conquérir pour eux et pour nous la liberté, s'ils vous les montrent avec ostentation, et ne sont pas assez satisfaits du prix qu'ils ont obtenu par elles ; ou ils n'étoient pas dignes de cette cause, ou ils ont été égarés depuis par des sentimens qui ne sont plus ceux qui les animoient quand ils se saisirent de leurs armes. Non, citoyens, les morts, ni les blessés du 10 août ne me font point obstacle. Je réponds à toutes les clameurs qu'on leur prête ou qu'on leur inspire : la liberté, l'égalité sont votre ouvrage, que demandez-vous encore ? Voulez-vous cependant un triomphe digne d'être poursuivi, même après celui dont vous vous êtes couverts? Jetez ici vos regards. Voilà un jeune et illustre condamné qui marche à une mort inutile à tous, fatale peut-être et féconde en calamités pour un grand nombre. A ce front découronné, à ce bras désarmé, à cet appareil de l'ignominie sanglante, reconnoissez-vous un chef; pouvez-vous y voir un ennemi? Ah! ce n'est plus qu'un homme, et le plus foible, le plus infortuné des hommes. C'est à ma voix, qui intercède pour lui, qu'il sera beau d'unir la vôtre. Criez aussi aux arbitres suprêmes de son malheur et de ses jours : grace, clémence. Citoyens, ceux qu'on nomme des héros ne sauroient résister à ces motifs et à ce spectacle. Oui, les véritables héros parmi eux y ont cédé, et ils ont crié avec plus d'émotion que moi-même : grace, clémence pour Louis.

Je n'ai pas la prétention, citoyens, d'épuiser dans cette pétition, précipitemment conçue et exécutée, toutes les considérations à l'appui de la grace que je sollicite de votre humanité et de l'intérêt de la république, que je n'en sépare pas dans ma conviction. Il en est une cependant qui s'est offerte aussi-tôt à moi, et que je craindrois par respect de vous présenter, si la où l'humanité et le bien public se confondent, tous les autres sentimens ne devoient pas se soumettre.

Cette considération, je ne balance plus à l'énoncer, je la prends dans la situation de votre assemblée ; dans les divisions qui la déchirent, et les deux partis, qui y sont trop publiquement prononcés, pour qu'on m'accuse de les signaler indiscrètement à la France qu'ils affligent. Personne ne contestera, ni les maux que ce nouveau schisme a ajoutés à tant d'autres, ni ceux que sa durée envenimeroit encore.

Ces deux partis qui se heurtent sans cesse, ne pouvoient manquer d'être en opposition dans cette grande cause; et sans vouloir tout dire, je rappelle seulement que l'un s'est caractérisé en mettant toute son ardeur à empêcher que l'exécution du jugement de la Convention sur Louis fût immédiate; et l'autre au contraire en mettant tout en œuvre pour la précipiter sans aucun délai. C'est celui-ci qui a réuni le plus de voix, et l'autre sans doute a des regrets à sa minorité. Citoyens, c'est ici une nouvelle question que je vous offre à traiter. Cet emploi de votre souveraineté personne encore ne vous l'a proposé; l'usage de cet attribut de la toute puissance que vous exercez le droit de grace, je suis le premier qui vous fait la douce invitation de vous en saisir. Ah! avant que l'un ni l'autre côté ne soit épié sur sa disposition à l'égard d'une question neuve devant vous; avant toute autre mouvement que celui de la pitié, à laquelle vous pouvez si bien vous abandonner comme hommes de la nature, quand j'ai détruit les objections qui pouvoient retenir les hommes d'état, si spontanément, et au même instant vous vous souleviez d'un mouvement unanime au cri de l'humanité que je pousse, votre union seroit scellée à jamais. Ce seroit la nature, dont les ouvrages sont durables, qui l'auroit opérée. Nulle passion ne pourroit prévaloir sur elle. Louis seroit sauvé, et la France cesseroit de craindre et de souffrir.

{Une parole encore, citoyens. Louis a un fils. Il faut qu'il vive cet enfant innocent; mais il faut aussi qu'il croisse sans être l'objet même d'une inquiétude pour la république. Qu'il vive donc, et qu'il croisse auprès de son père. Je me défie de tout autre instituteur, fût-il un geolier. Ce n'est qu'auprès de Louis, et par lui, qu'il apprendra bien à ne pas vouloir régner. (1) Non, un échaffaud sanglant n'est pas un aussi solennel exemple qu'une victime blessée à mort, et miraculeusement ressussitée; qu'une ombre vivante qui l'environnera sans cesse, et qui lui dira: » le berceau de ma nouvelle existence fut l'échaffaud où elle devoit s'éteindre à jamais; le marchepied par lequel j'y dus monter fut le même que celui du trône ». Représentans du peuple qui pourra donner avec autant d'autorité sa leçon de citoyen à cet enfant que Louis ? Et si vous vous rappelez la modération naturelle et certaine du caractère de Louis ; comme il est sorti, excellent des mains de la nature, comme elle l'a moulé pour être un homme parfait ; quel

---

(1) On a su que Louis XVI s'occupoit dans sa prison, aussi long-tems qu'il n'y a pas été privé de la vue de son fils, des soins de son éducation. Il lui faisoit apprendre et répéter, a-t-on dit, des morceaux de choix pris dans nos belles tragédies. Je voudrois savoir si déjà il ne lui avoit pas donné à retenir ces deux vers d'Alvarès à Gusman son fils :

Croyez-moi, les humains que j'ai trop su connoître,
Ne valent pas, mon fils, qu'on daigne être leur maître.

cœur de père tendre et passionné il porte : vous qui êtes pères, je vous le demande, pensez-vous qu'aucun autre puisse inspirer à cet enfant plus d'horreur pour les prestiges assassins de la royauté, qu'un père qui ne s'offrira à lui que tout sanglant de leurs blessures ; tout couvert de leurs cicatrices, et de leurs cicatrices ignominieuses ? L'échaffaud d'un Stuart fut un exemple perdu pour les autres. Essayons de la puissance d'un spectre. Grace donc, clémence, citoyens, au nom sacré de l'intérêt de l'état considéré sous ce nouveau rapport.

Citoyens, des sentimens et des motifs divers s'offrent encore en foule à mon cœur et à ma raison, et je puis dire qu'ils épuisent mes forces. Moins pressé même par le tems, et par l'aiguillon sanglant qui me force de me hâter, je crois que je ne pourrois suffire à les ordonner. Leur affluence y jette une confusion que je serois impuissant à démêler. Ce n'est plus qu'au nom de ce trouble et de l'agitation sous laquelle je palpite que je puis désormais vous presser. Hommes d'état, clémence pour le roi, même criminel. Hommes de la nature, clémence pour un homme. Grace citoyens législateurs. Grace citoyens pitoyables. Et pour que ce vœu soit unanime dans la France entière, et dans tout le monde, citoyens spectateurs qui entourez cette enceinte, j'ose dire qu'il n'y manque que l'expression du vôtre. Ah! dites aussi, grace, et il est sauvé. Voudrez-vous seuls l'avoir tué en opposition avec le vœu certain de tous les Français vos compatriotes ; de tous les hommes vos frères? voulez-vous que j'attire la responsabilité de cette mort sur vos seules têtes, et que je vous

accable des menaces et de la vengeance de la pitié
méconnue, de l'humanité étouffée ? Mais pour-
rois-je vous menacer quand il ne me reste pas
même la force de gémir? c'est à vos voix puissantes
et souveraines que je légue les restes de la mienne
qui s'éteint. Ce mot de grace que je puis à peine faire entendre, pour m'être épuisé à le proférer, je l'en-
voie vers vous: qu'il remplisse cette enceinte ré-
pété par toutes vos bouches; qu'il se transmette à
vos plus fidèles et vos plus proches échos, dont le
rétentissement ne se fera pas attendre; et je vous
suis garant que vous ne ferez plus dès-lors qu'un
même chœur et une même harmonie avec tous
vos frères de Paris gémissans et consternés dans
leurs demeures, où ils sont renfermés solitaires
avec leur terreur et la stupeur fatale qui les a gla-
cés, vous ne ferez plus qu'un même chœur et une
même harmonie avec vos frères des départemens,
dont aucun ne croit à cette heure que la nécessité
de crier grace n'a qu'un moment pour agir; un
même chœur et une même harmonie avec tous les
hommes de la terre que votre silence souleveroit
d'indignation et d'horreur contre vous. Pardon,
mes frères, pardon pour ce mot que je désavoue
à vos genoux où je tombe. Ah! soyez ici vraiment la représentation nationale de France; la représentation universelle de l'humanité. Vos législateurs attendent, ils sollicitent ce mouvement.
Qu'il vous échappe, et ils le ratifient soudain.
Une vie qui ne peut vous nuire; des millions de
vies qui peuvent vous servir sont à votre disposition, et n'ont plus que ce moment à l'être. Mon-
trez-vous grands, pitoyables et sauveurs. Ma
voix ne peut se taire que pour laisser s'exhaler la

vôtre ; et ce n'est que pour ne pas en arrêter un moment de plus l'essort que je puis cesser d'invoquer la clémence, et de crier grace.

Paris le 20 janvier 1793.

MARIGNIÉ.

» Et si Rome demande une vertu plus haute,
» Je rends graces aux dieux de n'être pas romain,
» Pour qu'il me reste encor, quelque chose d'humain.

Corneille.

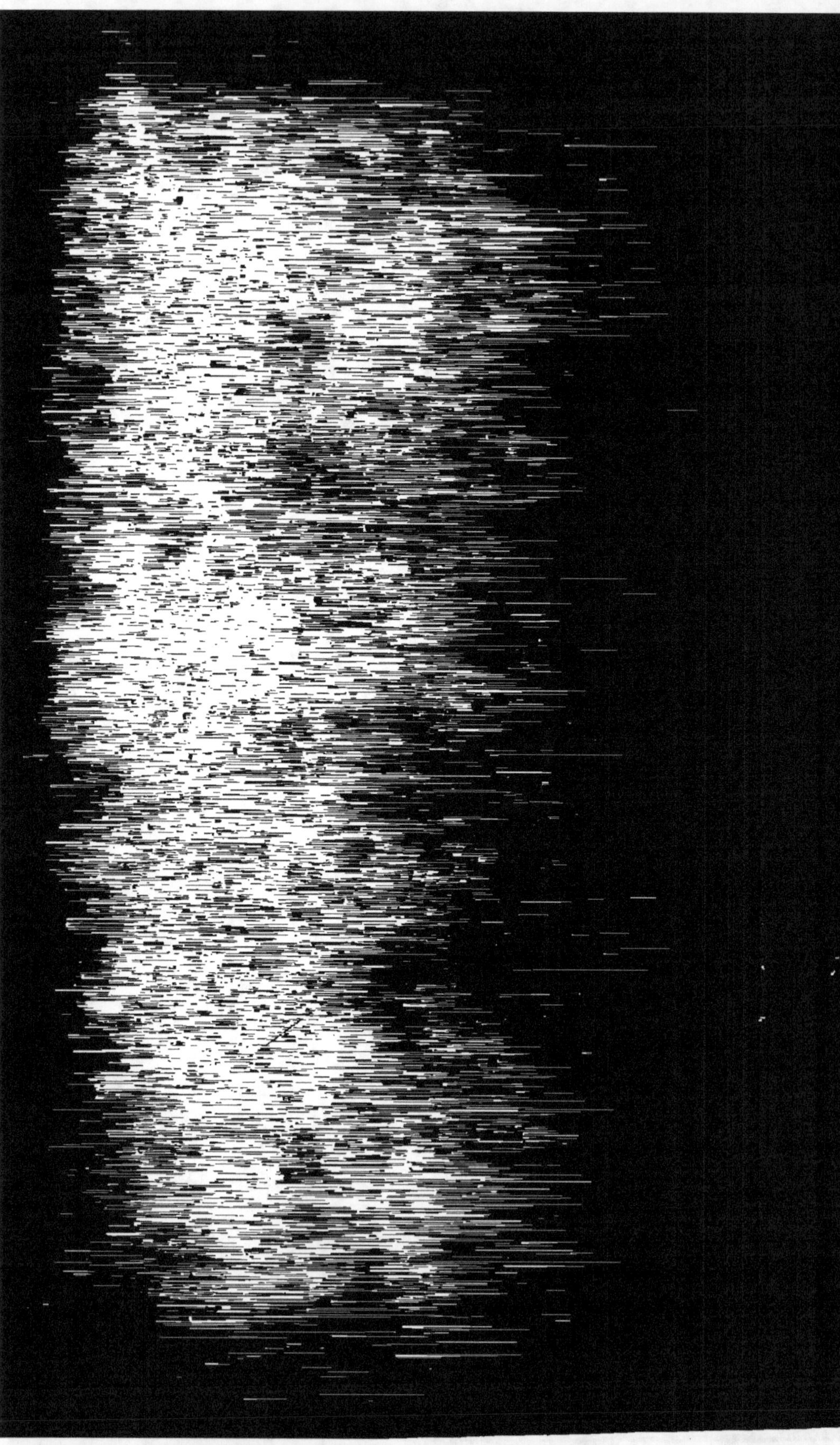